Szkoła - школа	2
Podróż - подорож	5
Transport - транспорт	8
Miasto - місто	10
Krajobraz - ландшафт	14
Restauracja - ресторан	17
Supermarket - супермаркет	20
Napoje - напої	22
Jedzenie - їжа	23
Gospodarstwo chłopskie - ферма	27
Dom - дім	31
Pokój dzienny - вітальня	33
Kuchnia - кухня	35
Łazienka - ванна кімната	38
Pokój dziecięcy - дитяча кімната	42
Ubiór - одяг	44
Biuro - офіс	49
Gospodarka - економіка	51
Zawody - професії	53
Narzędzia - інструменти	56
Instrumenty muzyczne - музичні інструменти	57
Zoo - зоопарк	59
Sport - спорт	62
Działania - дії	63
Rodzina - сім'я	67
Ciało - тіло	68
Szpital - лікарня	72
Nagły przypadek - аварійний випадок	76
Ziemia - Земля	77
Zegar - годинник	79
Tydzień - тиждень	80
Rok - рік	81
Kształty - форми	83
Kolory - фарби	84
Przeciwieństwa - протилежності	85
Liczby - числа	88
Języki - мови	90
kto / co / jak - хто / що / як	91
gdzie - де	92

Impressum
Verlag: BABADADA GmbH, Nedderfeld 112 , 22529 Hamburg
Geschäftsführer / Verlagsleitung: Harald Hof
Druck: Books on Demand GmbH, In de Tarpen 42, 22848 Norderstedt

Imprint
Publisher: BABADADA GmbH, Nedderfeld 112 , 22529 Hamburg, Germany
Managing Director / Publishing direction: Harald Hof
Print: Books on Demand GmbH, In de Tarpen 42, 22848 Norderstedt, Germany

Szkoła

школа

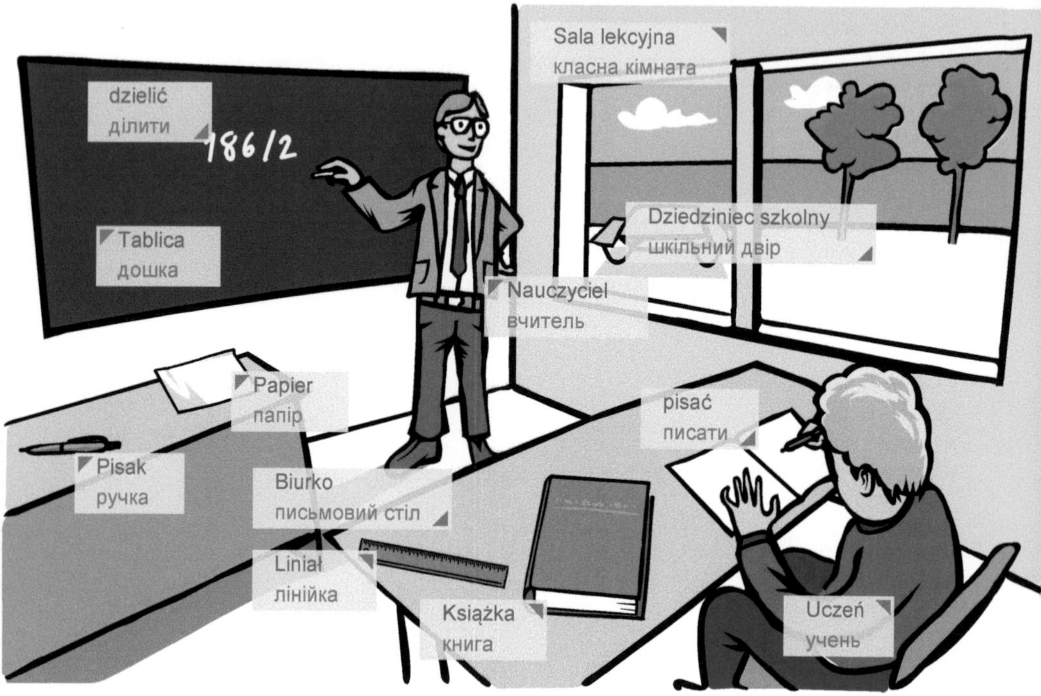

Sala lekcyjna
класна кімната
dzielić
ділити
186/2
Tablica
дошка
Dziedziniec szkolny
шкільний двір
Nauczyciel
вчитель
Papier
папір
pisać
писати
Pisak
ручка
Biurko
письмовий стіл
Liniał
лінійка
Książka
книга
Uczeń
учень

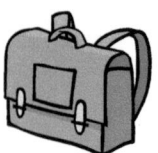

Plecak szkolny

ранець

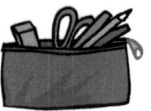

Piórnik

пенал

Ołówek

олівець

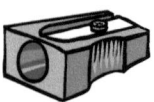

Temperówka

точило

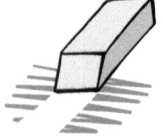

Gumka do mazania

гумка

Blok rysunkowy

альбом для малювання

Rysunek

малюнок

Pędzel

пензель

Pudełko z akwarelami

коробка фарб

Nożyce

ножиці

Klej

клей

Książka do ćwiczenia

зошит

Zadanie domowe

домашнє завдання

Liczba

число

dodawać

додавати

odejmować

віднімати

mnożyć

множити

liczyć

рахувати

Litera

літера

Alfabet

абетка

Słowo

слово

Tekst

текст

czytać

читати

Kreda

крейда

Godzina

година

Dziennik lekcyjny

класний журнал

Egzamin

екзамен

Świadectwo

диплом

Mundurek szkolny

шкільна форма

Wykształcenie

освіта

Leksykon

лексикон

Uniwersytet

університет

Mikroskop

мікроскоп

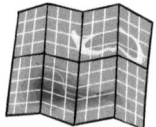

Mapa

карта

Kosz na odpadki

кошик для паперу

Podróż
подорож

Hotel
готель
Grand
Schronisko
турбаза
ROOMS
EXCHANGE
Kantor wymiany walut
обмінний пункт
Walizka
валіза
Auto
автомобіль

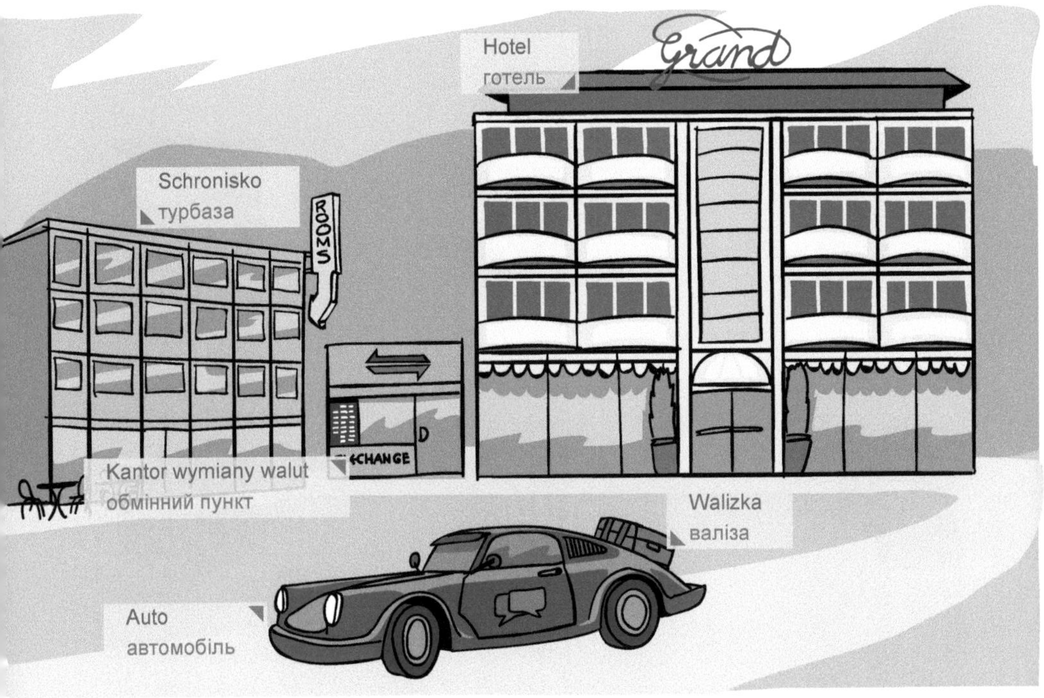

Język
мова

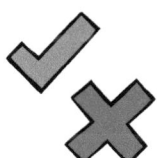

tak / nie
так / ні

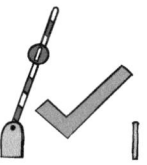

OK
добре

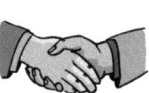

Halo
привіт

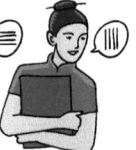

Tłumacz
перекладач

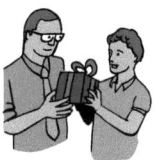

Dziękuję
дякую

Ile kosztuje ...?

Скільки коштує ...?

Nie rozumiem

Я не розумію

Problem

проблема

Dobry wieczór!

Добрий вечір!

Dzień dobry!

Доброго ранку!

Dobranoc!

На добраніч!

Do widzenia

До побачення

Kierunek

напрямок

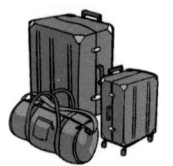

Bagaż

багаж

Torba

сумка

Plecak

рюкзак

Gość

гість

Pokój

кімната

Śpiwór

спальний мішок

Namiot

намет

Informacja turystyczna

туристична інформація

Plaża

пляж

Karta kredytowa

кредитна картка

Śniadanie

сніданок

Obiad

обід

Kolacja

вечеря

Bilet

квиток

Winda

ліфт

Znaczek na list

поштова марка

Granica

межа

Cło

митниця

Ambasada

посольство

Wiza

віза

Paszport

паспорт

Transport
транспорт

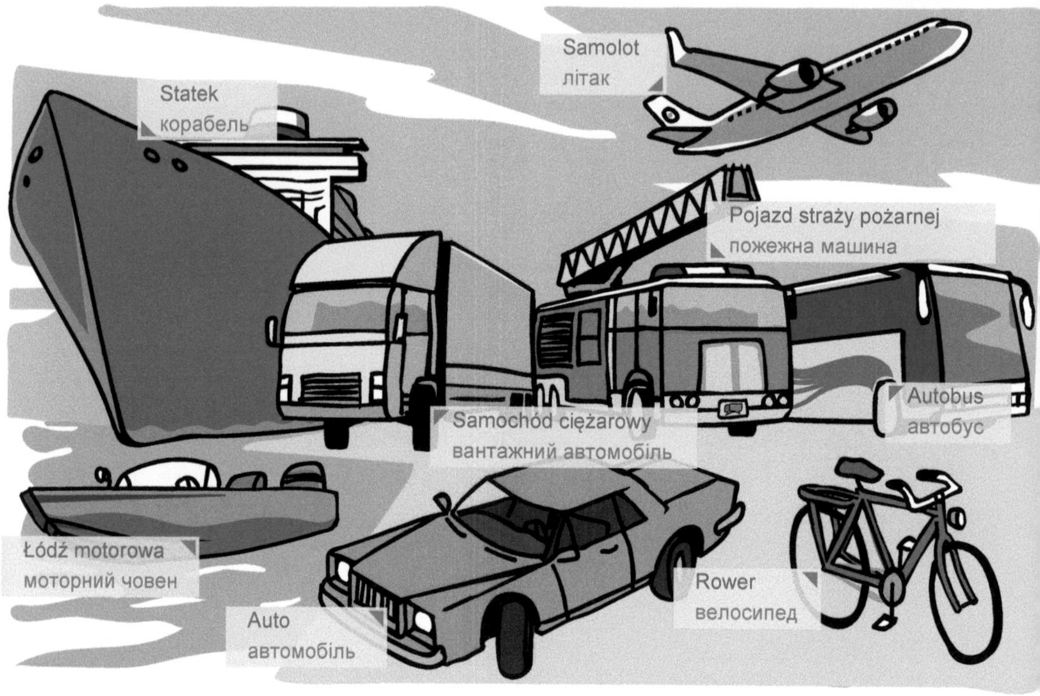

Samolot
літак
Statek
корабель
Pojazd straży pożarnej
пожежна машина
Autobus
автобус
Samochód ciężarowy
вантажний автомобіль
Łódź motorowa
моторний човен
Rower
велосипед
Auto
автомобіль

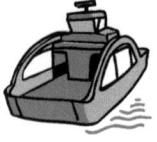

Prom
....
пором

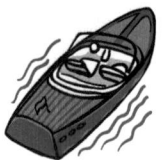

Łódź
....
човен

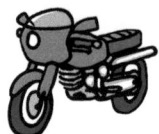

Motocykl
....
мотоцикл

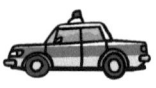

Radiowóz policyjny
....
поліцейська машина

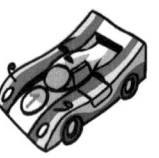

Samochód wyścigowy
....
гоночний автомобіль

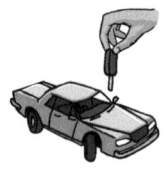

Samochód wypożyczony
....
автомобіль на прокат

Wspólne przejazdy
samochodem

спільне користування авто

Samochód pomocy
drogowej

евакуатор

Śmieciarka

сміттєвоз

Silnik

двигун

Benzyna

паливо

Stacja benzynowa

автозаправна станція

Znak drogowy

дорожній знак

Ruch

рух

Korek

затор

Parking

стоянка

Dworzec

вокзал

Szyny

рейки

Pociąg

потяг

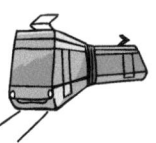

Tramwaj

трамвай

Wagon

вагон

Helikopter

гелікоптер

Lotnisko

аеропорт

Wieża

вежа

Pasażer

пасажир

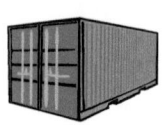

Kontener

контейнер

Karton

коробка

Taczka

візок

Kosz

кошик

startować / lądować

стартувати / приземлятися

Miasto

місто

Wieś

село

Centrum miasta

центр міста

Dom

дім

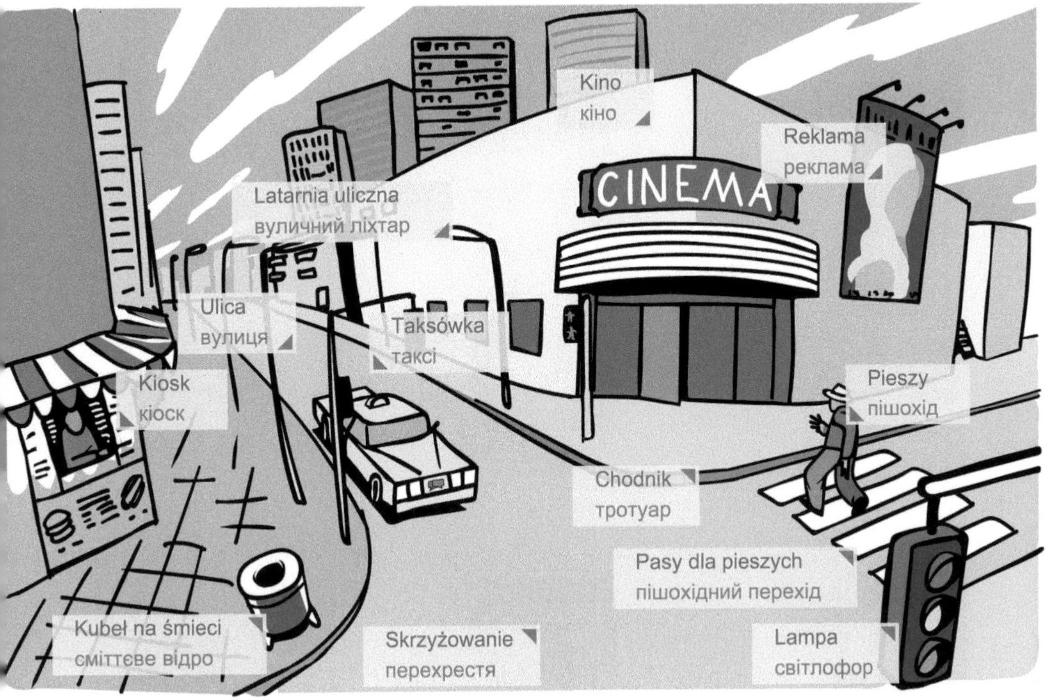

Kino
кіно

Reklama
реклама

CINEMA

Latarnia uliczna
вуличний ліхтар

Ulica
вулиця

Taksówka
таксі

Pieszy
пішохід

Kiosk
кіоск

Chodnik
тротуар

Pasy dla pieszych
пішохідний перехід

Kubeł na śmieci
сміттєве відро

Skrzyżowanie
перехрестя

Lampa
світлофор

Chata
....
хатина

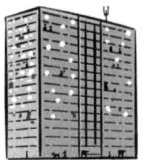

Mieszkanie
....
квартира

Dworzec
....
вокзал

Ratusz
....
ратуша

Muzeum
....
музей

Szkoła
....
школа

Uniwersytet

університет

Bank

банк

Szpital

лікарня

Hotel

готель

Apteka

аптека

Biuro

офіс

Księgarnia

книжковий магазин

Sklep

магазин

Kwiaciarnia

квітковий магазин

Supermarket

супермаркет

Rynek

ринок

Dom towarowy

універмаг

Sklep z rybami

торговець рибою

Centrum handlowe

торговельний центр

Port

гавань

Park

парк

Ławka

лава

Most

міст

Schody

сходи

Metro

метро

Tunel

тунель

Przystanek autobusowy

автобусна зупинка

Bar

бар

Restauracja

ресторан

Skrzynka na listy

поштова скринька

Tabliczka z nazwą ulicy

вулична табличка

Parkometr

лічильник паркування

Zoo

зоопарк

Łaźnia

басейн

Meczet

мечеть

Miasto - місто

Gospodarstwo chłopskie
ферма

Zanieczyszczenie środowiska
забруднення навколишнього середовища

Cmentarz
кладовище

Kościół
церква

Plac zabaw
дитячий майданчик

Świątynia
храм

Krajobraz
ландшафт

Liść
листок

Drogowskaz
вказівний стовп

Droga
шлях

Łąka
луг

Kamień
камінь

Drzewo
дерево

Wędrowiec
мандрівник

Rzeka
річка

Trawa
трава

Kwiat
квітка

Dolina

долина

Góra

гора

Jezioro

озеро

Las

ліс

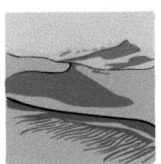

Pustynia

пустеля

Wulkan

вулкан

Zamek

замок

Tęcza

веселка

Grzyb

гриб

Palma

пальма

Komar

комар

Mucha

муха

Mrówka

мурашка

Pszczoła

бджола

Pająk

павук

Chrząszcz

жук

Żaba

жаба

Wiewiórka

вивірка

Jeż

їжак

Zając

заєць

Sowa

сова

Ptak

птах

Łabędź

лебідь

Dzik

кабан

Jeleń

олень

Łoś

лось

Tama

гребля

Wiatrak

вітряк

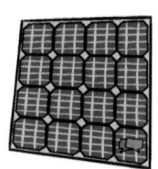

Moduł solarny

сонячний модуль

Klimat

клімат

Restauracja
ресторан

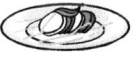

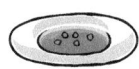

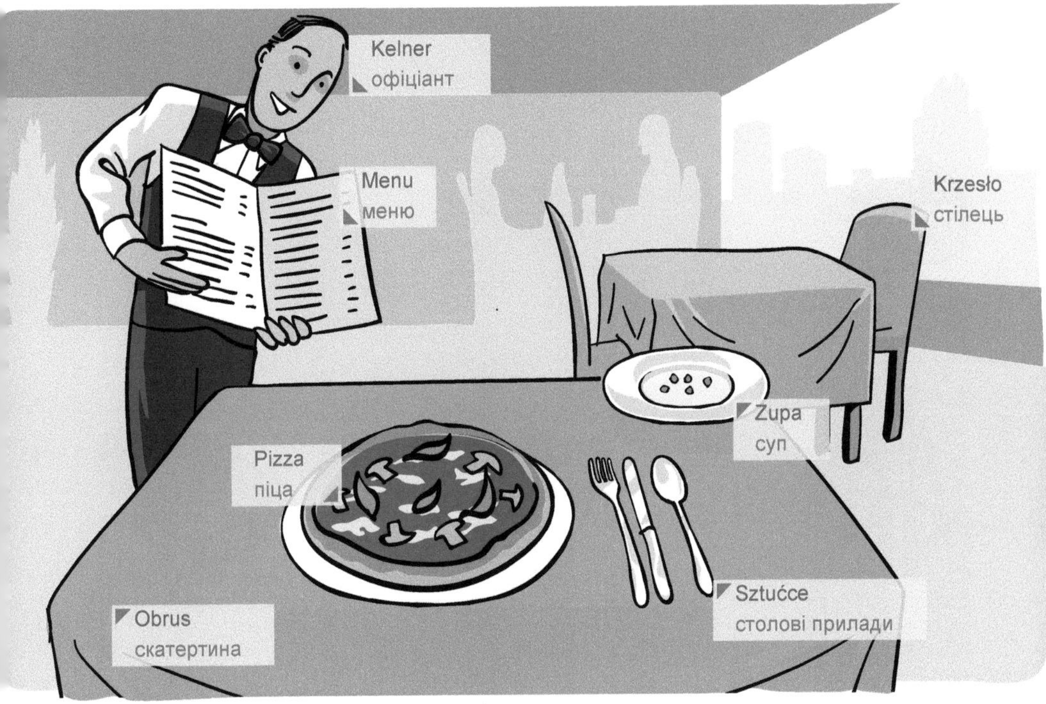
Kelner
офіціант
Menu
меню
Krzesło
стілець
Zupa
суп
Pizza
піца
Sztućce
столові прилади
Obrus
скатертина

Przystawka

закуска

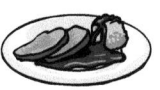

Danie główne

друга страва

Deser

десерт

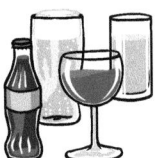

Napoje

напої

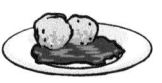

Jedzenie

їжа

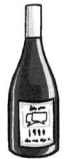

Butelka

пляшка

Fastfood

фаст-фуд

Streetfood

вулична їжа

Dzbanek na herbatę

чайник

Cukierniczka

цукорниця

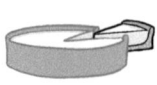

Porcja

порція

Zaparzarka do espresso

еспресо-машина

Krzesło dla dziecka

високий стільчик

Rachunek

рахунок

Taca

піднос

Noż

ніж

Widelec

вилка

Łyżka

ложка

Łyżeczka

чайна ложка

Serwetka

серветка

Szklanka

склянка

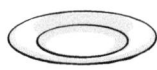

Talerz

тарілка

Talerz do zupy

тарілка для супу

Podstawek pod filiżankę

блюдце

Sos

соус

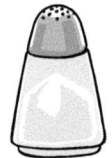

Solniczka

солонка

Młynek do pieprzu

млин для перцю

Ocet

оцет

Olej

масло

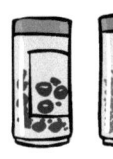

Przyprawy

спеції

Keczup

кетчуп

Musztarda

гірчиця

Majonez

майонез

Supermarket
супермаркет

Oferta
пропозиція
FOR
Klient
клієнт
Produkty mleczne
молочні продукти
Owoce
фрукти
Wózek sklepowy
візок для покупок

BUTCHERS

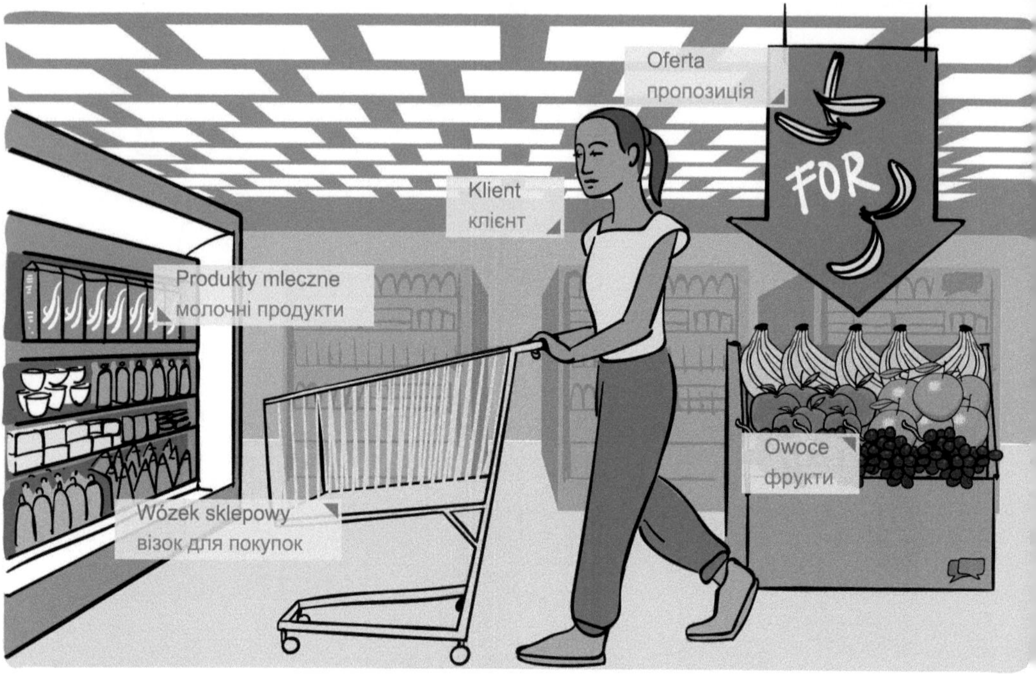

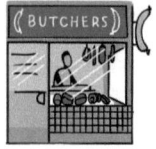

Rzeźnia

м'ясний магазин

BAKERY

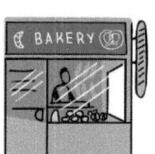

Piekarnia

пекарня

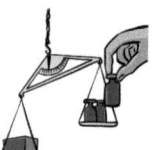

ważyć

зважувати

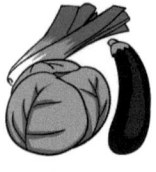

Warzywa

овочі

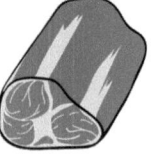

Mięso

м'ясо

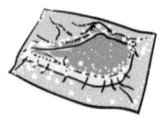

Mrożonki

заморожені продукти

Wędliny

ковбасна нарізка

Konserwy

консерви

Proszek m do prania

пральний порошок

Słodycze

солодощи

Artykuły użytku domowego

предмети домашнього побуту

Środek czyszczący

мийний засіб

Sprzedawczyni

продавщиця

Kasa

каса

Kasjer

касир

Lista zakupów

список покупок

Godziny otwarcia

часи роботи

Portfel

гаманець

Karta kredytowa

кредитна картка

Torba

сумка

Torebka plastikowa

поліетиленовий пакет

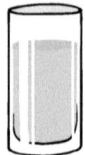

Woda

вода

Sok

сік

Mleko

молоко

Cola

кола

Wino

вино

Piwo

пиво

Alkohol

алкоголь

Kakao

какао

Herbata

чай

Kawa

кава

Espresso

еспресо

Cappuccino

капучіно

Banan

банан

Jabłko

яблуко

Pomarańcza

апельсин

Arbuz

кавун

Cytryna

лимон

Marchew

морква

Czosnek

часник

Bambus

бамбук

Cebula

цибуля

Grzyb

гриб

Orzechy

горішки

Makaron

локшина

Spaghetti

спагеті

Ryż

рис

Sałatka

салат

Frytki

картопля фрі

Ziemniaki pieczone

смажена картопля

Pizza

піца

Hamburger

гамбургер

Kanapka

бутерброд

Sznycel

шніцель

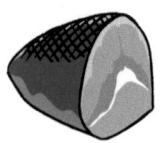

Szynka

шинка

Salami

салямі

Kiełbasa

ковбаса

Kura

курка

Pieczeń

печеня

Ryba

риба

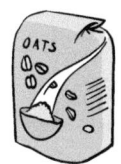

Płatki owsiane

вівсяні пластівці

Musli

мюслі

Płatki kukurydziane

кукурудзяні пластівці

Mąka

борошно

Croissant

круасан

Bułka

булочка

Chleb

хліб

Toast

тостовий хліб

Ciastka

печиво

Masło

масло

Twarożek

сир

Ciasto

пиріг

Jajko

яйце

Jajko sadzone

яєчня

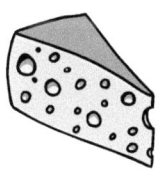

Ser

сир

Lody

морозиво

Cukier

цукор

Miód

мед

Marmolada

мармелад

Krem nugatowy

нуга-крем

Curry

карі

Gospodarstwo chłopskie

ферма

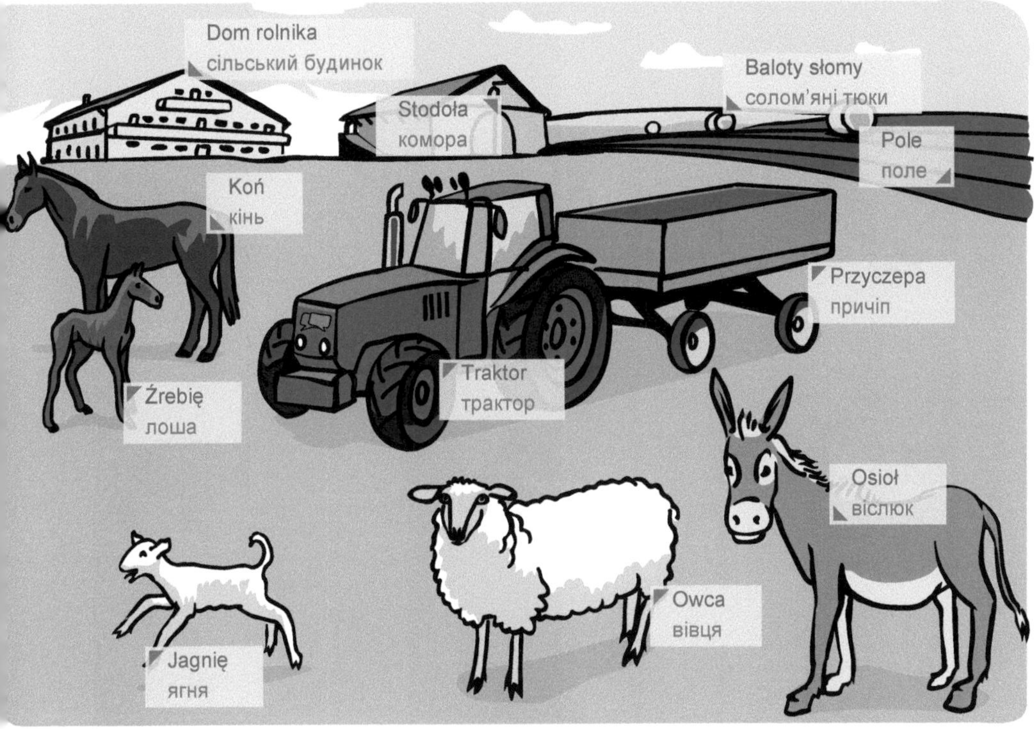
Dom rolnika
сільський будинок
Stodoła
комора
Baloty słomy
солом'яні тюки
Pole
поле
Koń
кінь
Przyczepa
причіп
Źrebię
лоша
Traktor
трактор
Osioł
віслюк
Owca
вівця
Jagnię
ягня

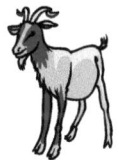

Koza

коза

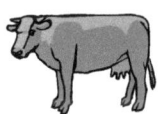

Krowa

корова

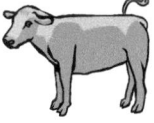

Cielę

теля

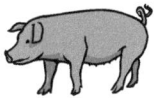

Świnia

свиня

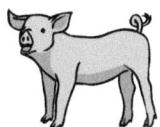

Prosię

порося

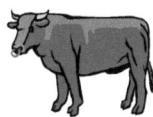

Byk

бик

Gęś

гусак

Kaczka

качка

Kurczątko

курча

Kura

курка

Kogut

півень

Szczur

щур

Kot

кіт

Mysz

миша

Osioł

віл

Pies

собака

Buda dla psa

собача будка

Wąż ogrodowy

садовий шланг

Konewka

лійка

Kosa

коса

Pług

плуг

Sierp

серп

Graca

мотика

Widły

вила

Siekiera

сокира

Taczka

тачка

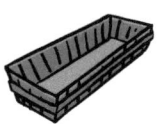

Koryto

корито

Kanka na mleko

бідон молока

Worek

мішок

Płot

паркан

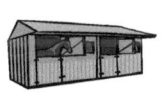

Stajnia

хлів

Szklarnia

теплиця

Ziemia

ґрунт

Nasiona

насіння

Nawóz

добриво

Kombajn zbożowy

комбайн

zbierać

пожинати

Żniwa

урожай

Podchrzyn

корінь ямсу

Pszenica

пшениця

Soja

соя

Ziemniak

картопля

Kukurydza

кукурудза

Rzepak

ріпак

Drzewo owocowe

плодове дерево

Maniok

маніок

Zboże

злаки

Komin
димохід

Dach
дах

Rynna deszczowa
водостічний лоток

Okno
вікно

Garaż
гараж

Dzwonek
дзвінок

Drzwi
двері

Wiaderko na śmieci
відро для сміття

Skrzynka na listy
поштова скринька

Ogród
сад

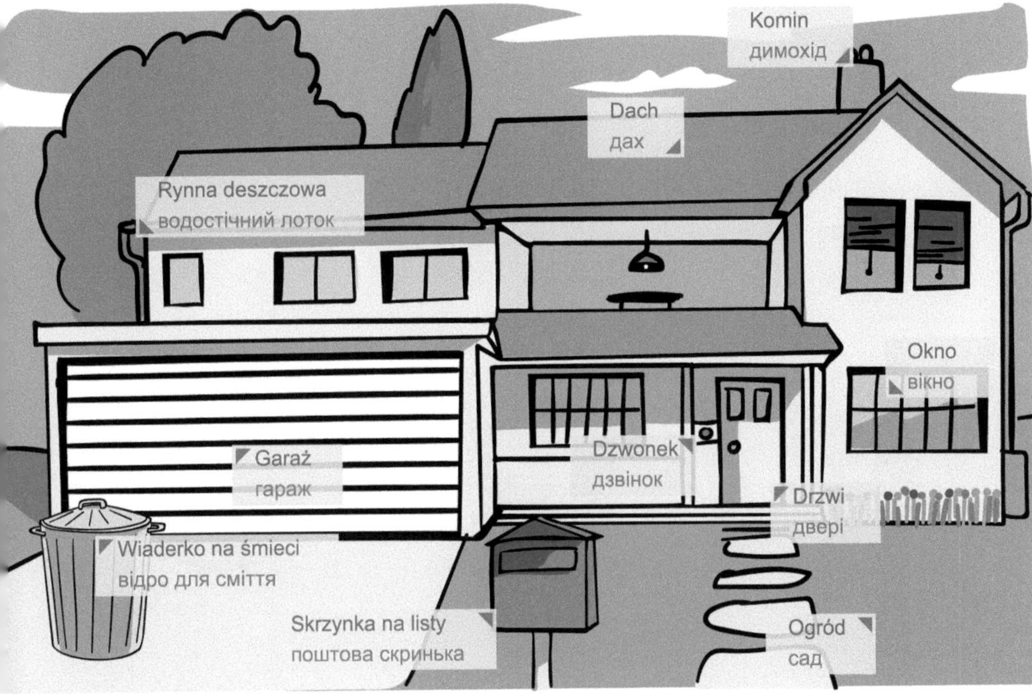

Pokój dzienny

вітальня

Łazienka

ванна кімната

Kuchnia

кухня

Sypialnia

спальня

Pokój dziecięcy

дитяча кімната

Jadalnia

їдальня

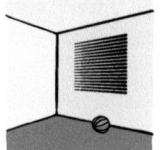

Ziemia

підлога

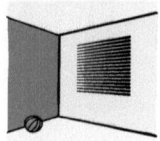

Ściana

стіна

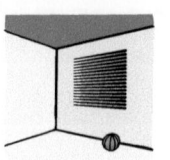

Koc

стеля

Piwnica

підвал

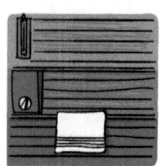

Sauna

сауна

Balkon

балкон

Taras

тераса

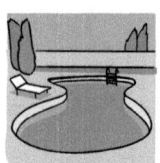

Basen

басейн

Kosiarka do trawy

косарка

Poszwa

простирало

Kołdra

ковдра

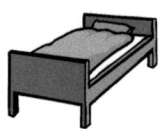

Łóżko

ліжко

Miotła

мітла

Wiadro

відро

Włącznik

перемикач

Pokój dzienny
вітальня

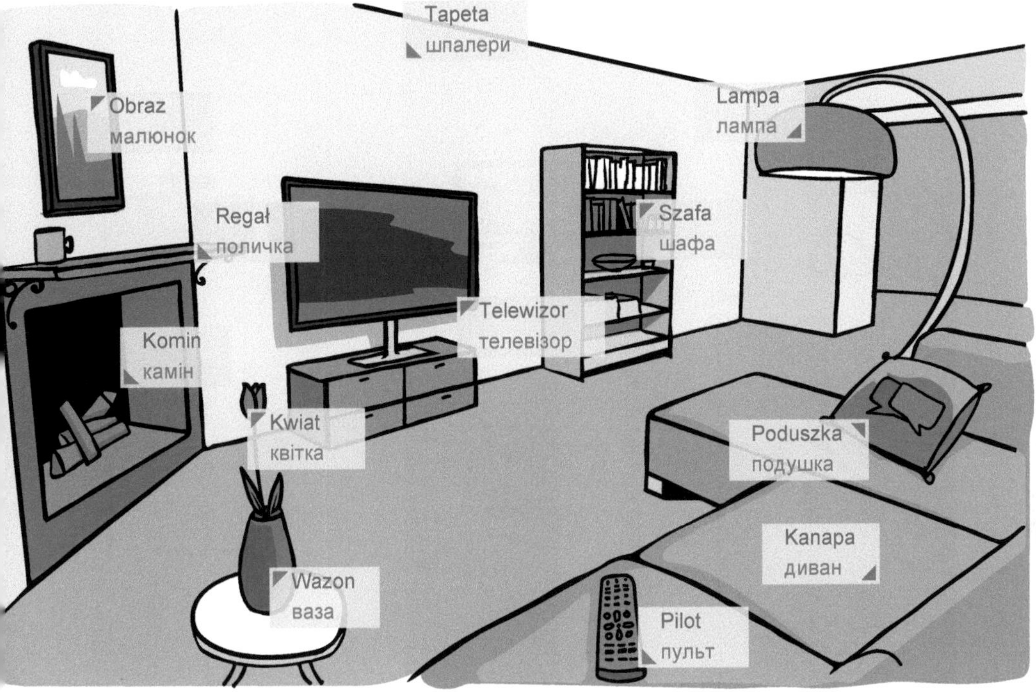

Tapeta
шпалери
Obraz
малюнок
Lampa
лампа
Regał
поличка
Szafa
шафа
Telewizor
телевізор
Komin
камін
Kwiat
квітка
Poduszka
подушка
Kanapa
диван
Wazon
ваза
Pilot
пульт

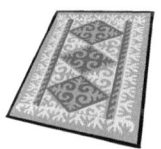

Dywan
....
килим

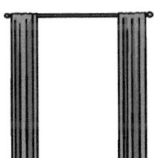

Zasłona
....
завіса

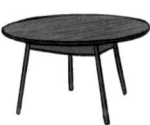

Stół
....
стіл

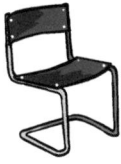

Krzesło
....
стілець

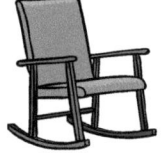

Bujak
....
крісло-гойдалка

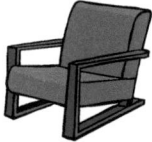

Fotel
....
крісло

Książka

книга

Sufit

ковдра

Dekoracja

прикраса

Drewno kominkowe

дрова

Film

фільм

Instalacja stereo

стереосистема

Klucz

ключ

Gazeta

газета

Malunek

картина

Plakat

плакат

Radio

радіо

Notatnik

блокнот

Odkurzacz

пилосос

Kaktus

кактус

Świeczka

свічка

Kuchnia
кухня

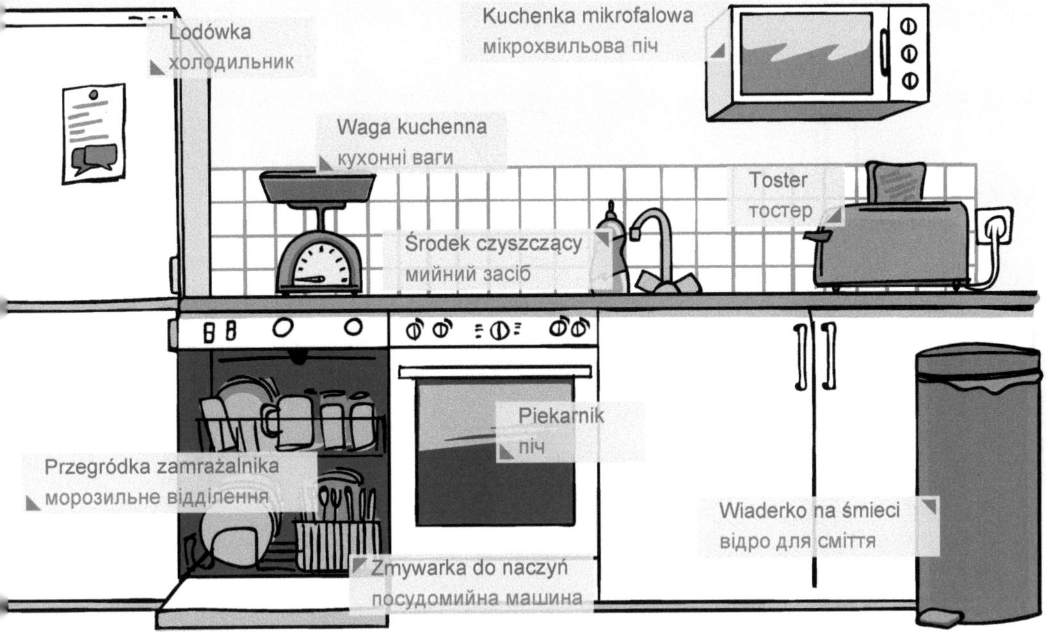
Lodówka
холодильник
Kuchenka mikrofalowa
мікрохвильова піч
Waga kuchenna
кухонні ваги
Toster
тостер
Środek czyszczący
мийний засіб
Piekarnik
піч
Przegródka zamrażalnika
морозильне відділення
Wiaderko na śmieci
відро для сміття
Zmywarka do naczyń
посудомийна машина

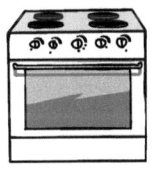

Kuchenka
....
плита

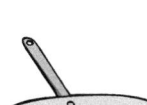

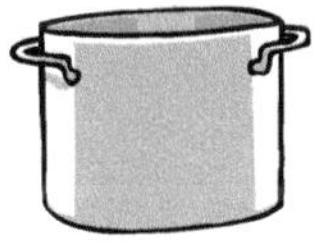
Garnek
....
горщик

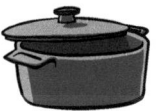

Kocioł żeliwny
....
чавунний горщик

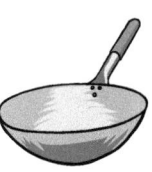

Wok / Kadai
....
вок / кадай

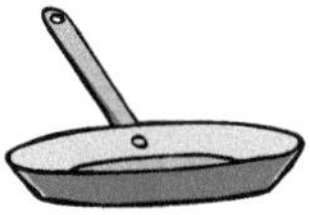

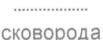

Patelnia
....
сковорода

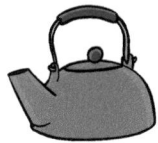

Czajnik
....
чайник

Parowar

пароварка

Blacha do pieczenia

лист

Naczynia kuchenne

посуд

Kubek

кухоль

Miska

чаша

Pałeczki

палички для їжі

Nabierka

черпак

Łopatka do smażenia

лопатка

Trzepaczka do śmietany

вінчик для збивання

Cedzak

сито

Sitko

сито

Tarka

терка

Moździerz

ступка

Grillowanie

барбекю

Palenisko

багаття

Deska

дошка

Wałek do ciasta

качалка

Korkociąg

штопор

Puszka

конзерва

Otwieracz do puszek

відкривачка

Ściereczka do trzymania garnka

прихватки

Umywalka

раковина

Szczotka

щітка

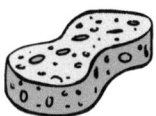

Gąbka

губка

Mikser

міксер

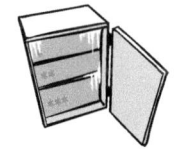

Zamrażarka

морозильна камера

Butelka dla niemowlęcia

дитяча пляшка

Kran

кран

Łazienka

ванна кімната

Ogrzewanie
опалення
Prysznic
душ
Ręcznik
рушник
Kotara prysznicowa
душова завіса
Płyn do kąpieli
пiниста ванна
Wanna kąpielowa
ванна
Szklanka
склянка
Pralka
пральна машина
Kran
кран
Kafelki
плитка
Nocnik
горшок
Umywalka
раковина

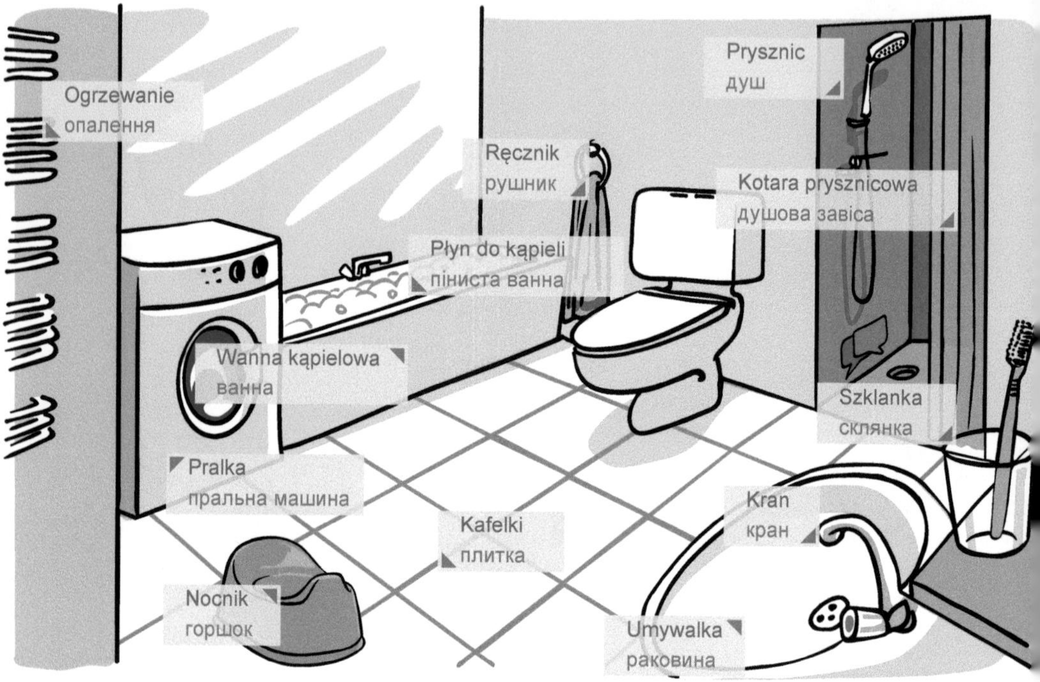

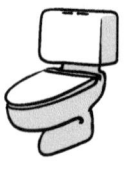

Toaleta

туалет

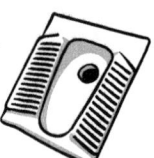

Toaleta kuczna

підлоговий туалет

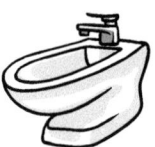

Bidet

біде

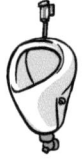

Pisuar

пісуар

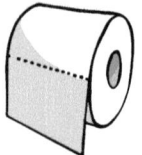

Papier toaletowy

туалетний папір

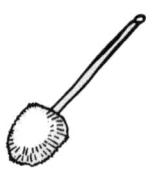

Szczotka toaletowa

щітка для туалету

Szczoteczka do zębów

зубна щітка

Pasta do zębów

зубна паста

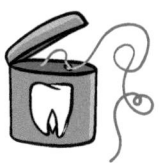

Nitki do czyszczenia zębów

нитка для чищення зубів

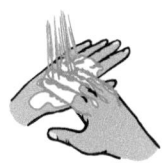

myć

мити

Głowica prysznicowa

ручний душ

Płyn kąpielowy do higieny intymnej

інтимний душ

Miska do mycia

таз

Szczotka kąpielowa

щітка для спини

Mydło

мило

Żel prysznicowy

гель для душу

Szampon

шампунь

Rękawica kąpielowa

мочалка

Odpływ

водостік

Krem

крем

Dezodorant

дезодорант

Lustro

дзеркало

Lustro kosmetyczne

косметичне дзеркало

Golarka

бритва

Pianka do golenia

піна для гоління

Woda po goleniu

лосьйон після гоління

Grzebień

гребінь

Szczotka

щітка

Suszarka do włosów

фен

Spray do włosów

лак для волосся

Makijaż

косметика

Pomadka

губна помада

Lakier do paznokci

лак для нігтів

Wata

вата

Nożyczki do paznokci

ножиці для нігтів

Perfum

парфум

Kosmetyczka

косметичка

Taboret

табурет

Waga

ваги

Szlafrok kąpielowy

халат

Rękawice gumowe

гумові рукавички

Tampon

тампон

Podpaska damska

гігієнічні прокладки

Toaleta chemiczna

біотуалет

Pokój dziecięcy

дитяча кімната

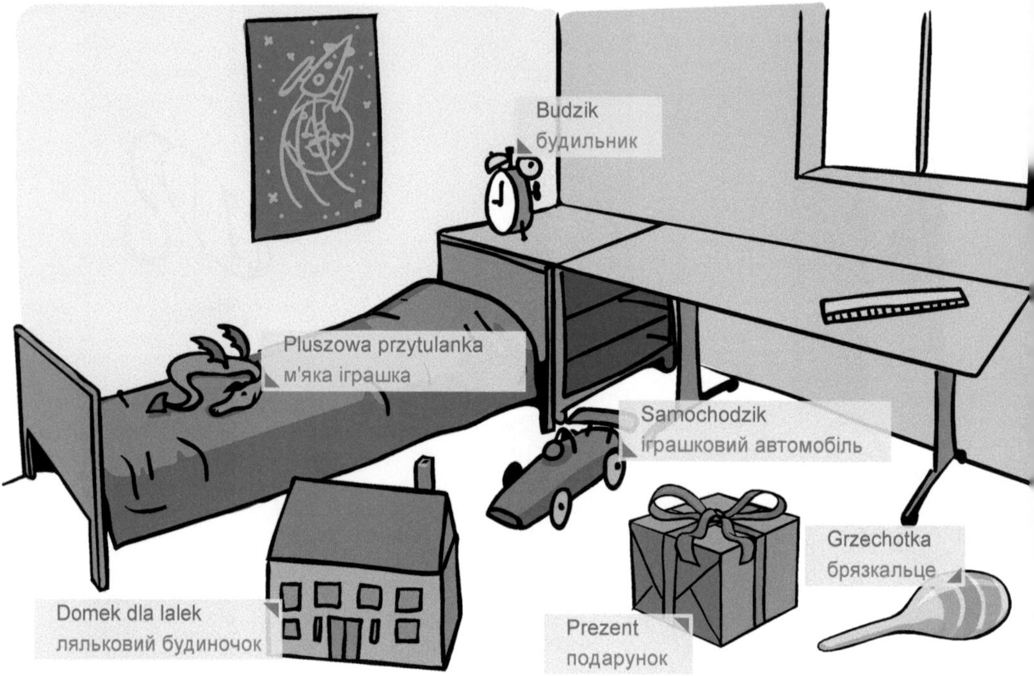

Budzik
будильник
Pluszowa przytulanka
м'яка іграшка
Samochodzik
іграшковий автомобіль
Grzechotka
брязкальце
Domek dla lalek
ляльковий будиночок
Prezent
подарунок

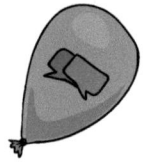

Balon

повітряна кулька

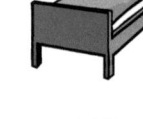

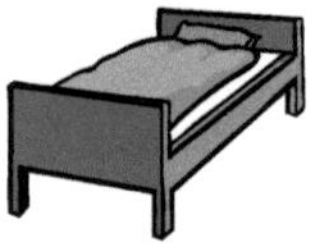

Łóżko

ліжко

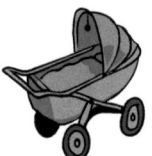

Wózek dziecięcy

дитячий візок

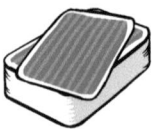

Gra w karty

картярська гра

Puzzle

пазл

SUPER
MEGA

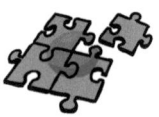

Komiks

комікс

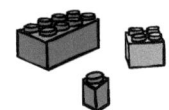

Klocki lego

лего цеглинки

Klocki

блоки

Action figura

іграшкова фігурка

Śpioszek dziecięcy

повзунки

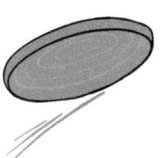

Frisbee

фризбі

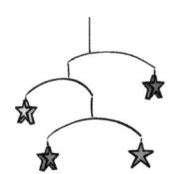

Zabawki ruchome

мобіле

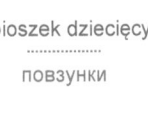

Gra planszowa

настільна гра

Kości

кубик

Kolejka elektryczna

модель залізнична станція

Smoczek

соска

Przyjęcie

вечірка

Książka z ilustracjami

книжка з картинками

Piłka

м'яч

Lalka

лялька

bawić się

грати

Piaskownica

пісочниця

Huśtawka

гойдалка

Zabawki

іграшка

Konsola do gier

гральна консоль

Rowerek trójkołowy

триколісний велосипед

Pluszowy miś

плюшевий мішка

Szafa ubraniowa

шафа

Ubiór

одяг

Skarpety

шкарпетки

Pończochy

панчохи

Rajstopy

колготки

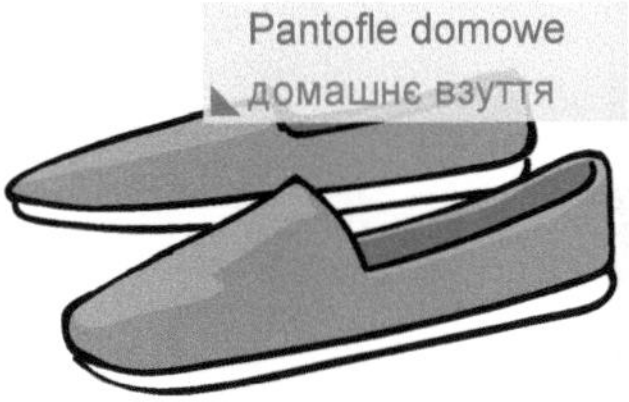

Szal
шарф

Parasol
парасоля

Pasek
ремінь

T-Shirt
футболка

Kozaki
чоботи

Pantofle domowe
домашнє взуття

Obuwie sportowe
кросівки

Sandały

сандалі

Buty

взуття

Kalosze

гумові чоботи

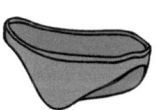

Majtki

труси

Biustonosz

бюстгальтер

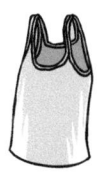

Podkoszulek

нижня сорочка

Body

боді

Spodnie

штани

Dżins

джинси

Spódnica

спідниця

Bluzka

блузка

Koszula

сорочка

Pulower

пуловер

Bluza sportowa

светр

Marynarka

піджак

Kurtka

куртка

Płaszcz

пальто

Płaszcz przeciwdeszczowy

дощовик

Kostium

костюм

Sukienka

сукня

Suknia ślubna

весільна сукня

Garnitur męski

костюм

Koszula nocna

нічна сорочка

Piżama

піжама

Sari

capi

Chusta na głowę

головна хустка

Turban

чалма

Burka

бурка

Kaftan

кафтан

Abaya

абая

Strój kąpielowy

купальник

Kąpielówki

плавки

Krótkie spodnie

шорти

Dres sportowy

тренувальний костюм

Fartuch

фартух

Rękawiczki

рукавички

Guzik

гудзик

Okulary

окуляри

Bransoletka

браслет

Łańcuszek

ланцюг

Pierścionek

кільце

Kolczyk

сережка

Czapka

шапка

Wieszak

плічка

Kapelusz

капелюх

Krawat

краватка

Zamek błyskawiczny

застібка-блискавка

Kask

шолом

Szelki

підтяжки

Mundurek szkolny

шкільна форма

Mundur

уніформа

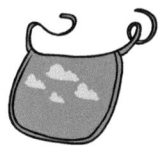

Śliniaczek

нагрудник

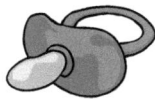

Smoczek

соска

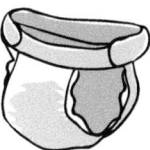

Pieluszka

підгузок

Biuro

офіс

Serwer
сервер
Szafa na akta
шаф для документів
Drukarka
принтер
Papier
папір
Monitor
монітор
Mysz
миша
Biurko
письмовий стіл
Segregator
папка
Klawiatura
синтезатор
Kosz na odpadki
кошик для паперу
Komputer
комп'ютер
Krzesło
стілець

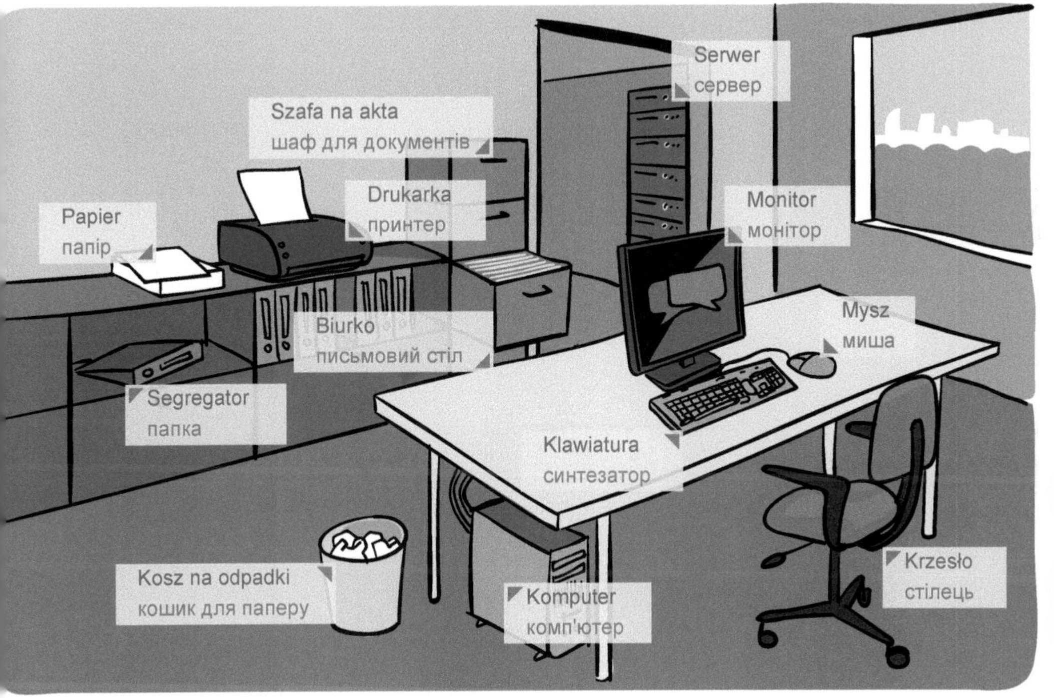

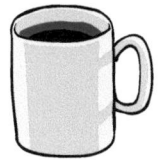

Filiżanka do kawy

кавовий кухоль

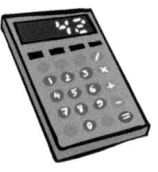

Kalkulator

калькулятор

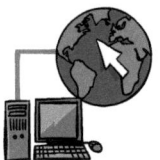

Internet

інтернет

Laptop

ноутбук

List

лист

Wiadomość

повідомлення

Komórka

мобільний телефон

Sieć

мережа

Kopiarka

копіювальний пристрій

Oprogramowanie

програмне забезпечення

Telefon

телефон

Gniazdko

розетка

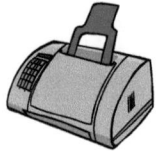

Faks

факс

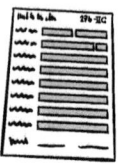

Formularz

бланк

Dokument

документ

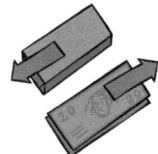

kupić
....
купувати

płacić
....
платити

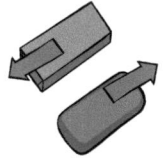

postępować
....
торгувати

Pieniądze
....
гроші

Dolar
....
долар

Euro
....
євро

Jen
....
ієна

Rubel
....
рубль

Frank
....
франк

Juan Renminbi
....
юанів женьміньбі

Rupia
....
рупія

Bankomat
....
банкомат

Kantor wymiany walut

обмінний пункт

Złoto

золото

Srebro

срібло

Olej

нафта

Energia

енергія

Cena

ціна

Umowa

контракт

Podatek

податок

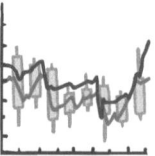

Akcja

акція

pracować

працювати

Pracownik umysłowy

працівник

Pracodawca

роботодавець

Fabryka

фабрика

Sklep

магазин

Zawody

професії

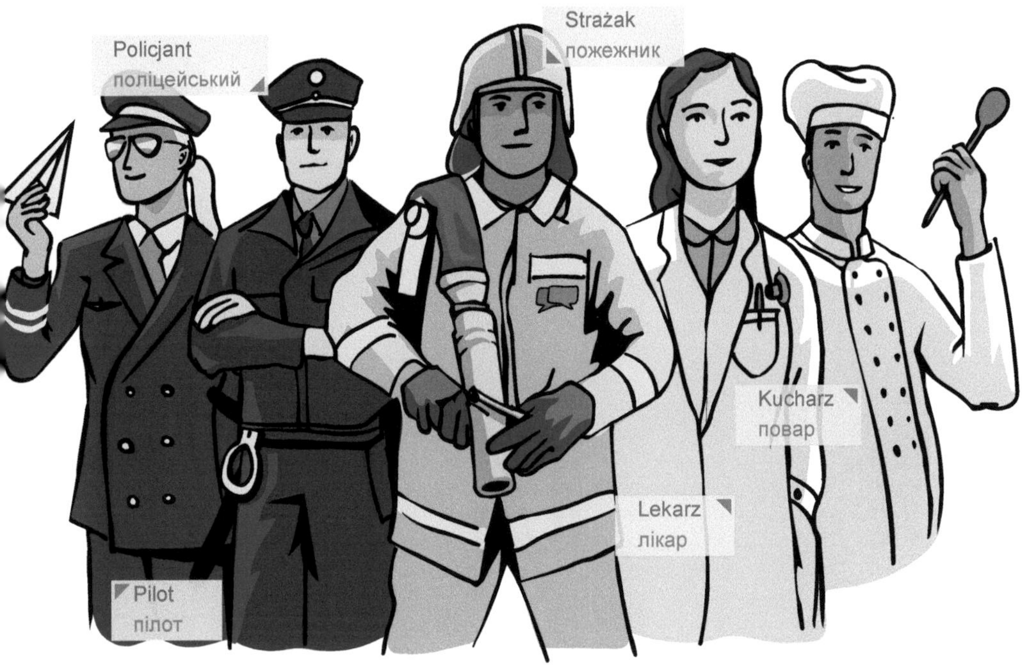

Policjant
поліцейський
Strażak
пожежник
Kucharz
повар
Lekarz
лікар
Pilot
пілот

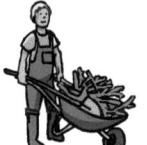

Ogrodnik

садівник

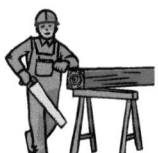

Stolarz

столяр

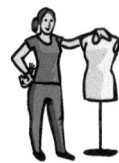

Krawcowa

швачка

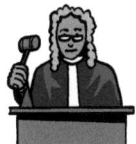

Sędzia

суддя

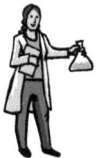

Chemik

хімік

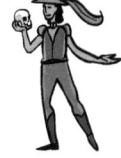

Aktor

актор

Kierowca autobusu

водій автобуса

Taksówkarz

таксист

Fischer

рибалка

Sprzątaczka

прибиральниця

Dekarz

покрівельник

Kelner

офіціант

Myśliwy

мисливець

Malarz

художник

Piekarz

пекар

Elektryk

електрик

Robotnik budowlany

будівельник

Inżynier

інженер

Rzeźnik

забійник

Instalator

бляхар

Listonosz

листоноша

Żołnierz

солдат

Architekt

архітектор

Kasjer

касир

Florysta

флорист

Fryzjer

перукар

Konduktor

кондуктор

Mechanik

механік

Kapitan

капітан

Dentysta

дантист

Naukowiec

вчений

Rabin

рабин

Imam

імам

Mnich

монах

Proboszcz

пастор

Narzędzia

інструменти

Szczypce
щипці
Młotek
молоток
Wkrętak
викрутка
Latarka
кишеньковий ліх
Klucz do śrub
гайковий ключ

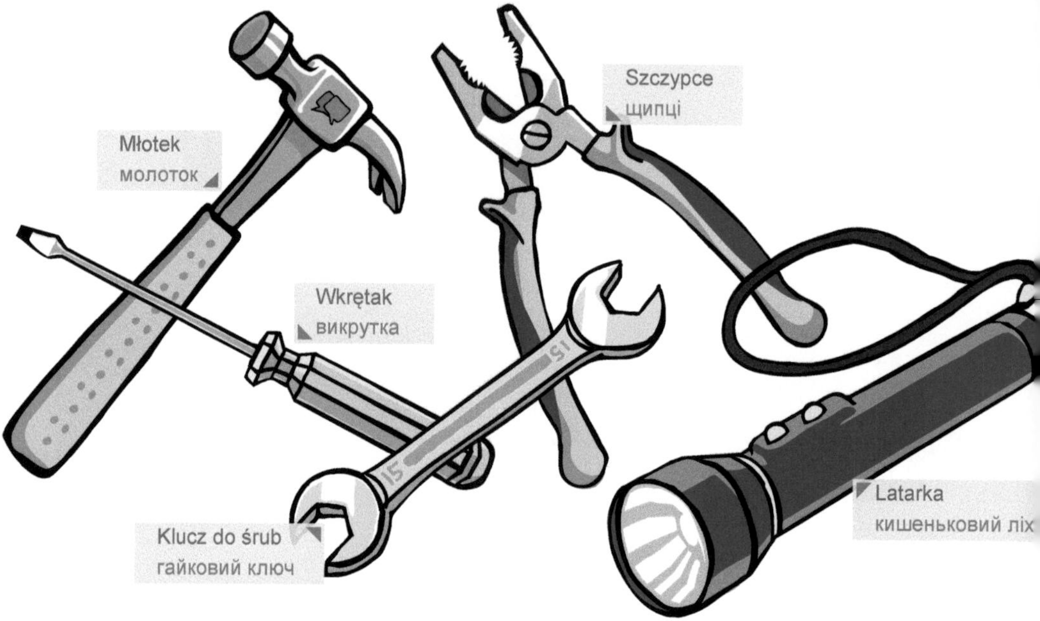

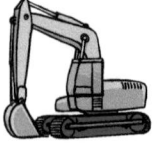

Koparka

екскаватор

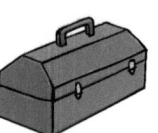

Skrzynka narzędziowa

ящик для інструментів

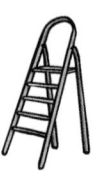

Drabina

драбина

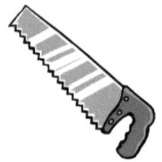

Piła

пилка

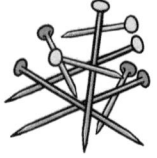

Gwoździe

цвяхи

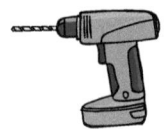

Wiertło

свердло

naprawić

ремонтувати

Łopatka

лопата

Cholera!

лайно!

Szufelka

совок

Puszka z farbą

відро з фарбою

Śruby

гвинти

Instrumenty muzyczne
музичні інструменти

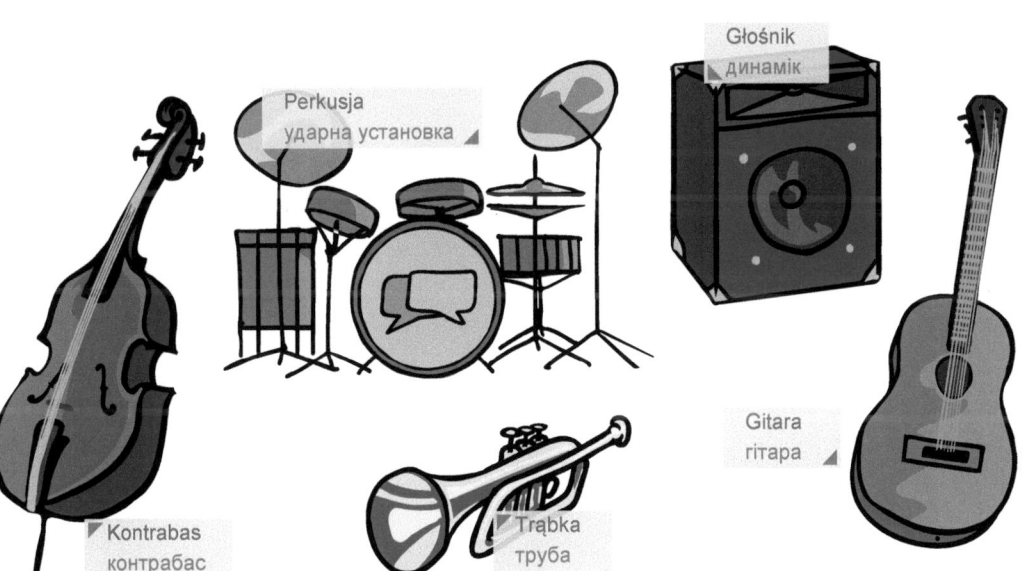

Perkusja
ударна установка

Głośnik
динамік

Kontrabas
контрабас

Trąbka
труба

Gitara
гітара

Pianino

фортепіано

Skrzypce

скрипка

Bas

бас

Kotły

литаври

Bęben

барабан

Keyboard

клавіатура

Saksofon

саксофон

Flet

флейта

Mikrofon

мікрофон

Zoo

зоопарк

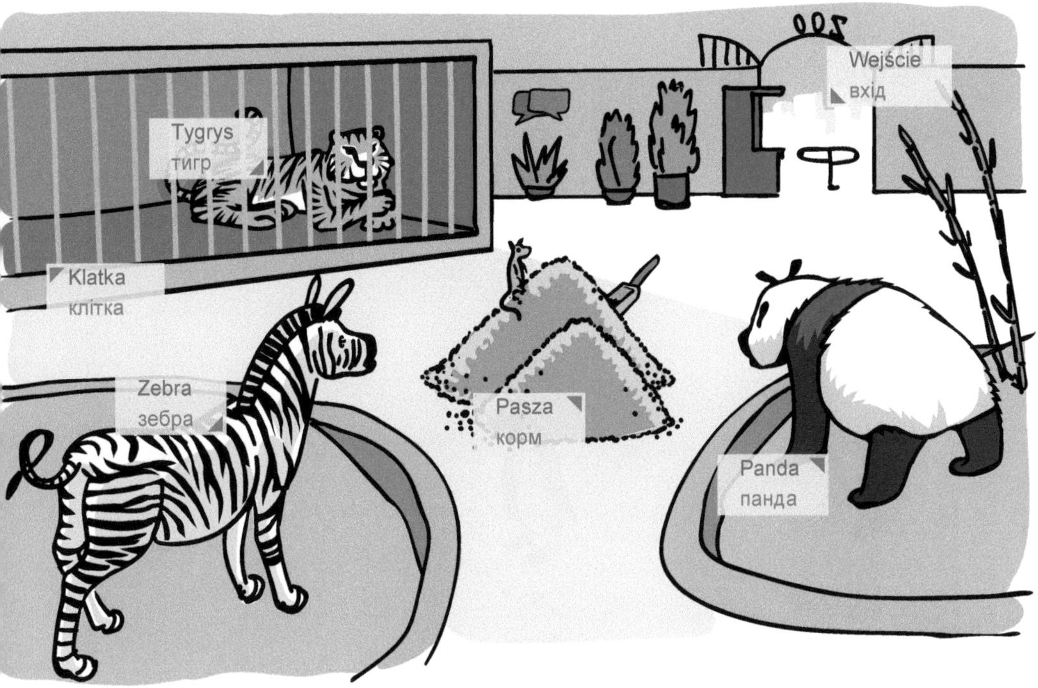

Wejście
вхід
Tygrys
тигр
Klatka
клітка
Zebra
зебра
Pasza
корм
Panda
панда

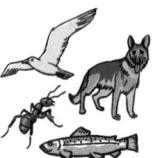

Zwierzęta

тварини

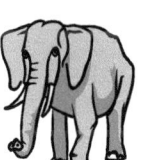

Słoń

слон

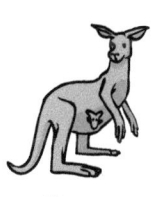

Kangur

кенгуру

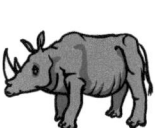

Nosorożec

носоріг

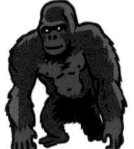

Goryl

горила

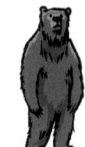

Niedźwiedź

ведмідь

Wielbłąd

верблюд

Struś

страус

Lew

лев

Małpa

мавпа

Fleming

фламінго

Papuga

папуга

Niedźwiedź polarny

білий ведмідь

Pingwin

пінгвін

Rekin

акула

Paw

павич

Wąż

змія

Krokodyl

крокодил

Dozorca w zoo

працівник зоопарку

Foka

тюлень

Jaguar

ягуар

Kucyk

поні

Gepard

леопард

Hipopotam

гіпопотам

Żyrafa

жираф

Orzeł

орел

Dzik

кабан

Ryba

риба

Żółw

черепаха

Mors

морж

Lis

лисиця

Gazela

газель

Futbol amerykański
американський футбол

Kolarstwo
їзда на велосипеді

Tenis
теніс

Koszykówka
баскетбол

Pływanie
плавання

Boks
бокс

Hokej na lodzie
хокей

Piłka nożna
футбол

Badminton
бадмінтон

Lekka atletyka
легка атлетика

Piłka ręczna
гандбол

Narciarstwo
лижні перегони

Polo
поло

Działania

дії

skakać
стрибати
objąć
обіймати
śmiać się
сміятися
iść
йти
śpiewać
співати
marzyć
мріяти
modlić się
молитися
całować
цілувати

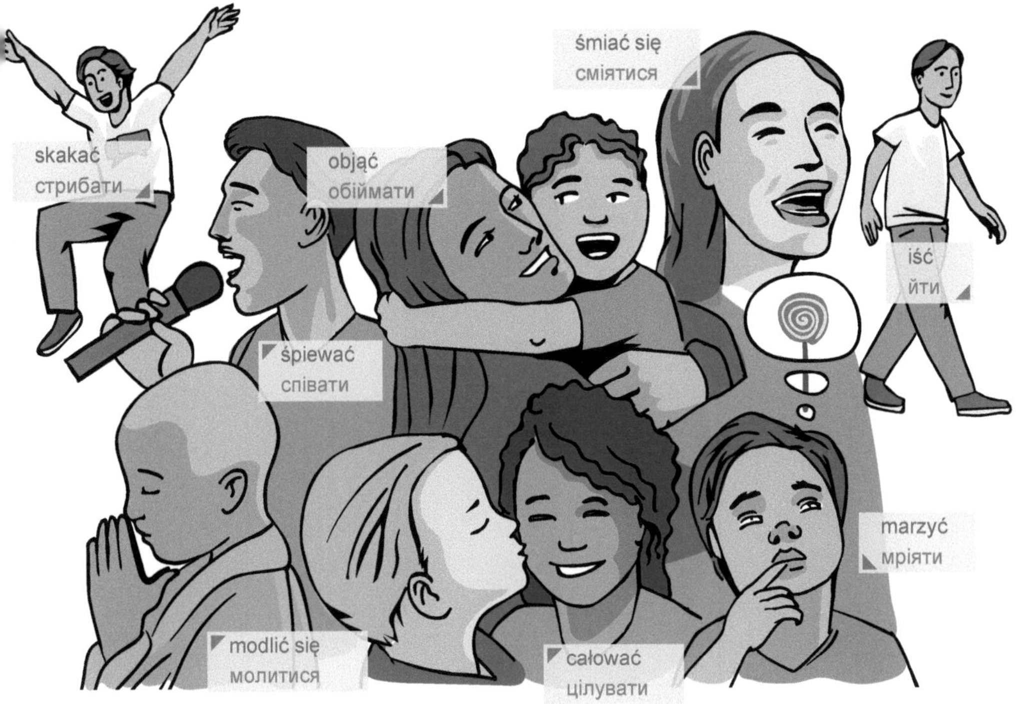

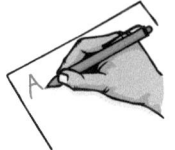

pisać

писати

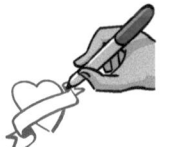

rysować

малювати

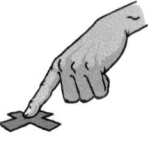

pokazywać

показувати

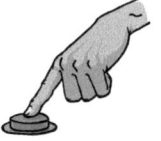

nacisnąć

тиснути

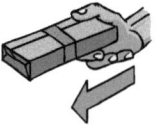

dać

давати

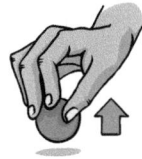

wziąć

брати

mieć
мати

robić
робити

być
бути

stać
стояти

biegać
бігати

ciągnąć
тягнути

rzucać
кидати

spaść
падати

leżeć
лежати

czekać
очікувати

nosić
носити

siedzieć
сидіти

zakładać
одягати

spać
спати

budzić się
просипатися

spojrzeć

дивитися

płakać

плакати

głaskać

гладити

czesać się

розчісувати

mówić

розмовляти

rozumieć

розуміти

pytać

питати

słyszeć

слухати

pić

пити

jeść

їсти

sprzątać

прибирати

kochać

любити

gotować

варити

jechać

їхати

latać

літати

żeglować

йти під вітрилом

liczyć

рахувати

czytać

читати

uczyć się

вчитися

pracować

працювати

wejść w związek małżeński

одружуватися

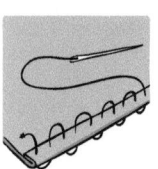

szyć

шити

myć zęby

чистити зуби

zabić

убивати

palić tytoń

курити

wysłać

посилати

Rodzina
сім'я

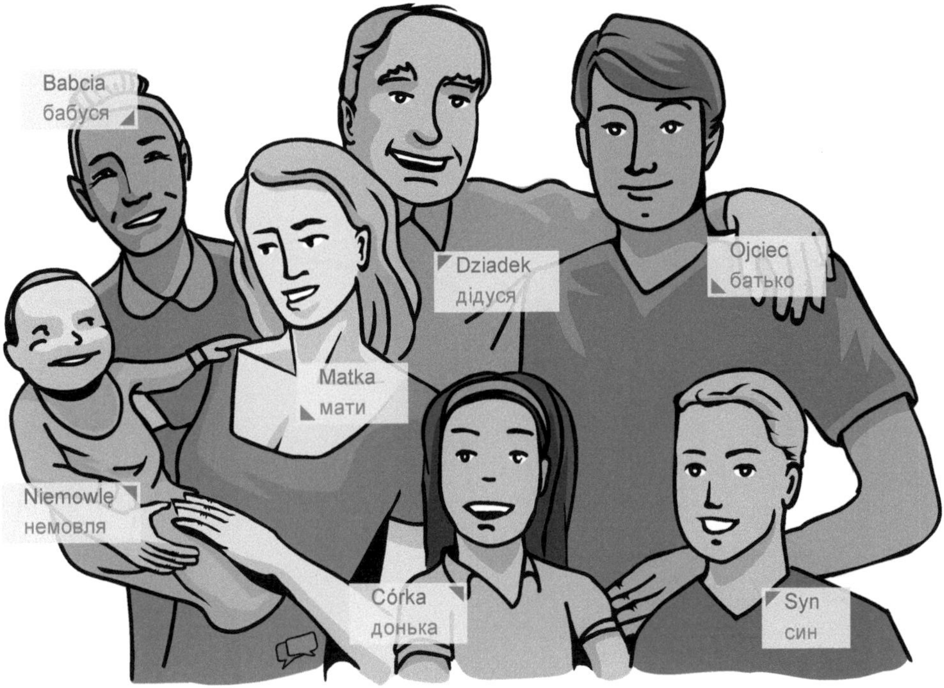
Babcia
бабуся
Dziadek
дідуся
Ojciec
батько
Matka
мати
Niemowlę
немовля
Córka
донька
Syn
син

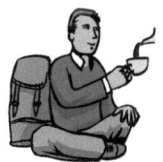

Gość
гість

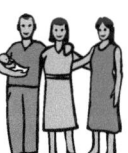

Ciotka
тітка

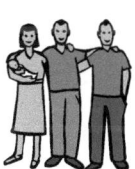

Wujek
дядько

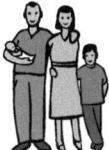

Brat
брат

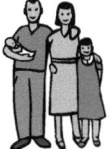

Siostra
сестра

Ciało

тіло

Czoło
чоло
Oko
око
Ramię
плече
Palec
палець
Twarz
обличчя
Broda
підборіддя
Ręka
кисть
Noga
нога
Pierś
груди
Ramię
рука

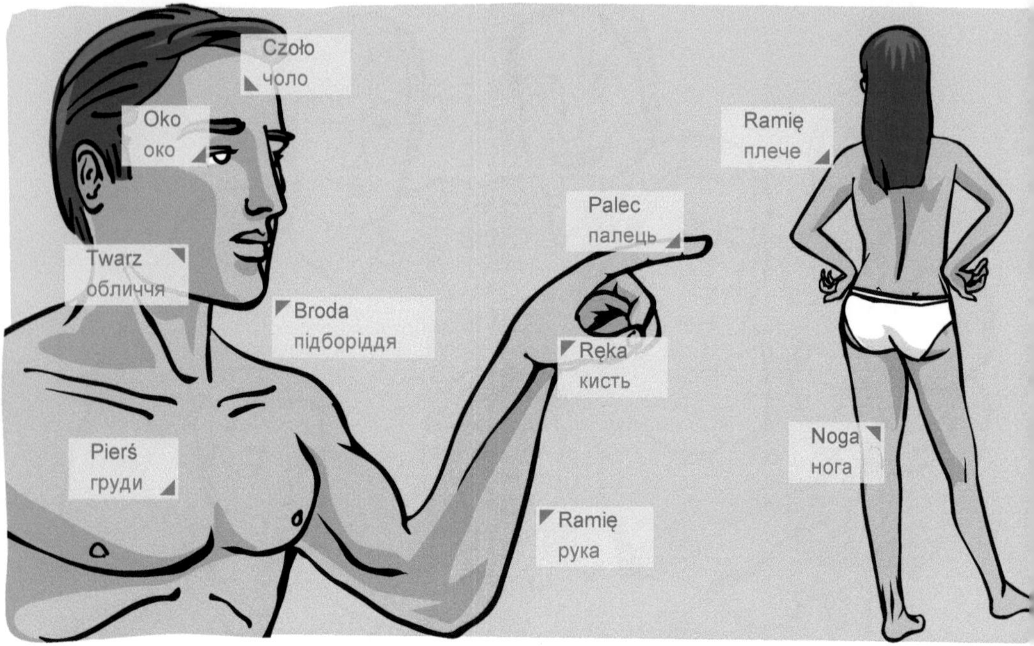

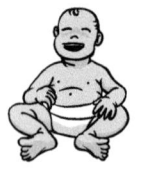

Niemowlę

немовля

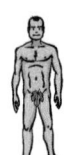

Mężczyzna

чоловік

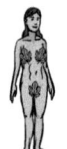

Kobieta

жінка

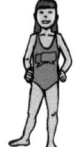

Dziewczyna

дівчина

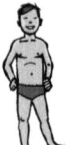

Chłopiec

хлопчик

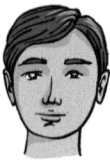

Głowa

голова

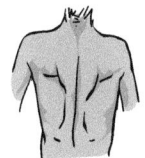

Plecy

спина

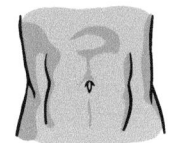

Brzuch

живіт

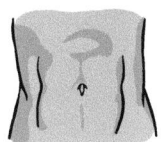

Pępek

пуп

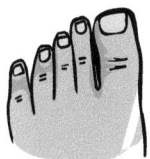

palec nogi

палець ноги

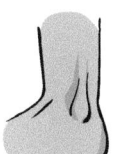

Pięta

п'ята

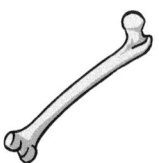

Kość

кістка

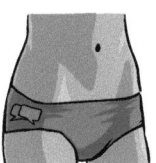

Biodro

стегно

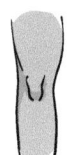

Kolano

коліно

Łokieć

лікоть

Nos

ніс

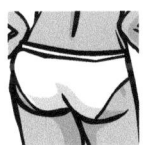

Pośladki

сідниці

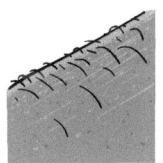

Skóra

шкіра

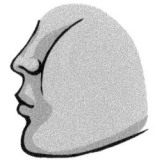

Policzek

щока

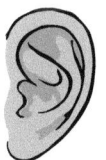

Uszy

вухо

Warga

губа

Usta

рот

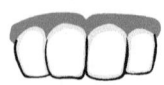

Ząb

зуб

Język

язик

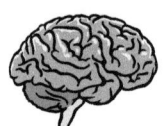

Mózg

мозок

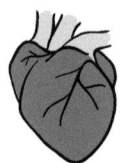

Serce

серце

Mięsień

м'яз

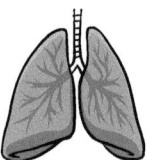

Płuca

легені

Wątroba

печінка

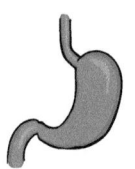

Żołądek

шлунок

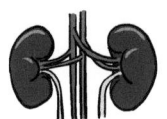

Nerki

нирки

Stosunek płciowy

статевий акт

Kondom

презерватив

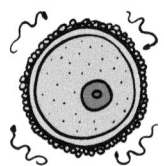

Komórka jajowa

яйцеклітина

Sperma

сперма

Ciąża

вагітність

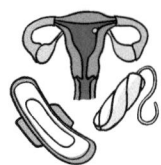

Menstruacja

менструація

Wagina

вагіна

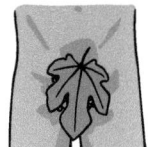

Penis

пеніс

Brew

брова

Włosy

волосся

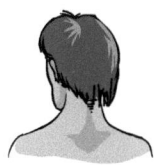

Szyja

шия

Szpital

лікарня

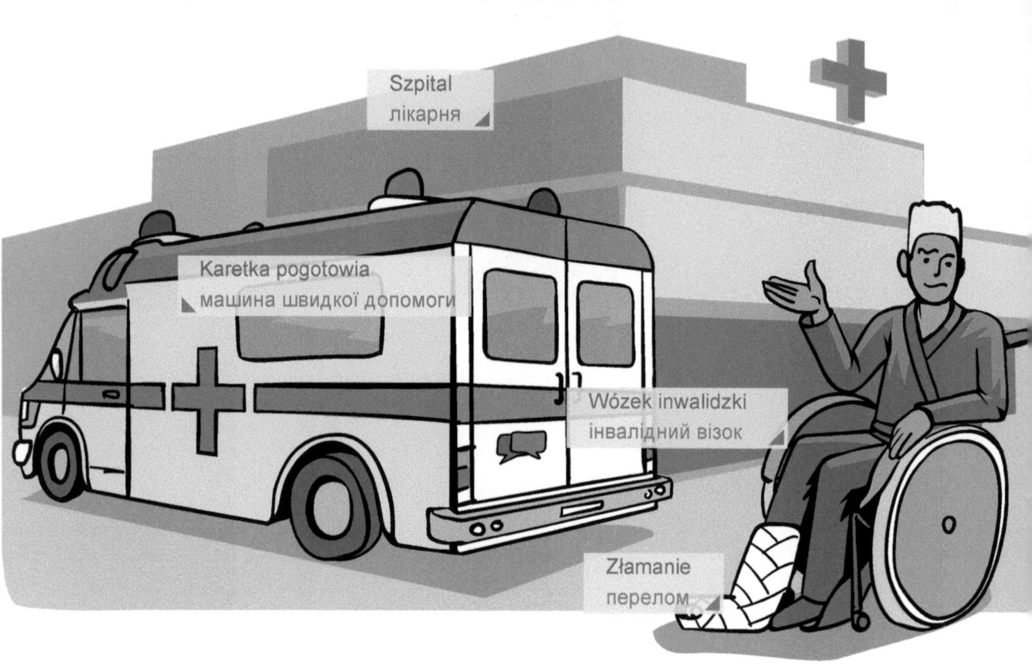

Szpital
лікарня

Karetka pogotowia
машина швидкої допомоги

Wózek inwalidzki
інвалідний візок

Złamanie
перелом

Lekarz

лікар

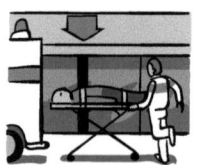

Izba przyjęć

відділення швидкої
медичної допомоги

Pielęgniarka

медсестра

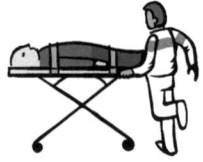

Nagły przypadek

аварійний випадок

nieprzytomny

непритомний

Ból

біль

Skaleczenie

травма

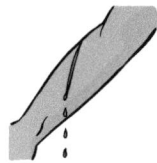

Krwawienie

кровотеча

Zawał serca

інфаркт

Udar mózgu

інсульт

Alergia

алергія

Kaszleć

кашель

Gorączka

лихоманка

Grypa

грип

Biegunka

пронос

Ból głowy

головна біль

Rak

рак

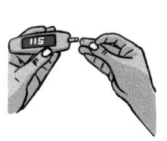

Cukrzyca

діабет

Chirurg

хірург

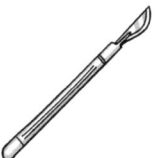

Skalpel

скальпель

Operacja

операція

CT

КТ

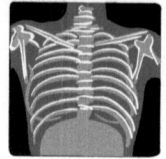

Rentgen

рентген

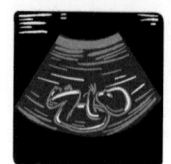

Ultradźwięki

ультразвук

Maska

маска

Choroba

хвороба

Poczekalnia

зал очікування

Kula

милиця

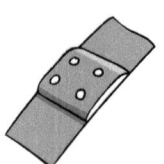

Plaster

пластир

Opatrunek

пов'язка

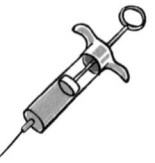

Iniekcja

ін'єкція

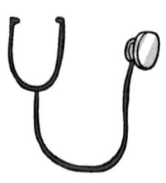

Stetoskop

стетоскоп

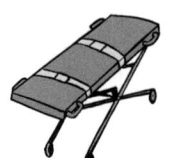

Nosze

ноші

Termometr

термометр

Poród

народження

Nadwaga

надмірна вага

Aparat słuchowy

слуховий апарат

Środek dezynfekcyjny

дезінфікуючий засіб

Infekcja

інфекція

Wirus

вірус

HIV / AIDS

ВІЛ / СНІД

Medycyna

медицина

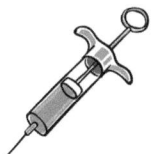

Szczepienie

вакцинація

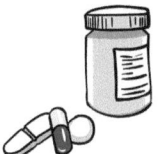

Tabletki

таблетки

Pigułka

протизаплідна пігулка

Telefon ratunkowy

екстрений виклик

Ciśnieniomierz krwi

тонометр

chory / zdrowy

хворий / здоровий

Pomocy!

Допоможіть!

Alarm

сигнал тривоги

Napad

напад

Atak

атака

Niebezpieczeństwo

небезпека

Wyjście awaryjne

аварійний вихід

Pożar!

Вогонь!

Gaśnica

вогнегасник

Wypadek

аварія

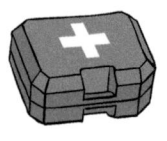

Walizeczka pierwszej pomocy

аптечка

SOS

СОС

Policja

поліція

Europa

Європа

Ameryka Północna

Північна Америка

Ameryka Południowa

Південна Америка

Afryka

Африка

Azja

Азія

Australia

Австралія

Atlantyk

Атлантика

Pacyfik

Тихий океан

Ocean Indyjski

Індійський океан

Ocean Antarktyczny

Антарктичний океан

Ocean Arktyczny

Північний Льодовитий
океан

Biegun północny

Північний полюс

Biegun południowy

Південний полюс

Antarktyda

Антарктика

Ziemia

Земля

Kraj

суша

Morze

море

Wyspa

острів

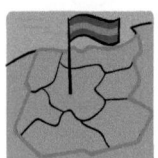

Naród

нація

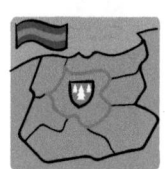

Państwo

держава

Cyferblat

циферблат

Wskazówka godzinowa

годинникова стрілка

Wskazówka minutowa

хвилинна стрілка

Wskazówka sekundowa

секундна стрілка

Która godzina?

Котра година?

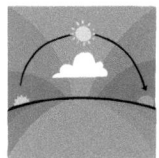

Dzień

день

Czas

час

teraz

зараз

Zegarek digitalny

цифровий годинник

Minuta

хвилина

Godzina

година

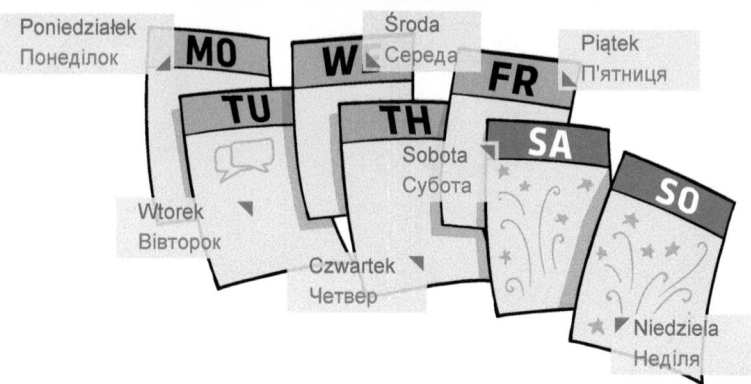

Poniedziałek
Понеділок

MO

W

Środa
Середа

FR

Piątek
П'ятниця

TU

TH

SA

SO

Wtorek
Вівторок

Sobota
Субота

Czwartek
Четвер

Niedziela
Неділя

wczoraj
вчора

dzisiaj
сьогодні

jutro
завтра

Rano
ранок

Południe
опівдні

Wieczór
вечір

Dni robocze
робочі дні

Weekend
кінець робочого тижня

Rok
рік

Deszcz
дощ
Tęcza
веселка
Wiatr
вітер
Śnieg
сніг
Wiosna
весна
Lato
літо
Jesień
осінь
Zima
зима

4.APRIL 11°
5.APRIL 4°
6.APRIL 13°
7.APRIL 8°
8.APRIL 10°

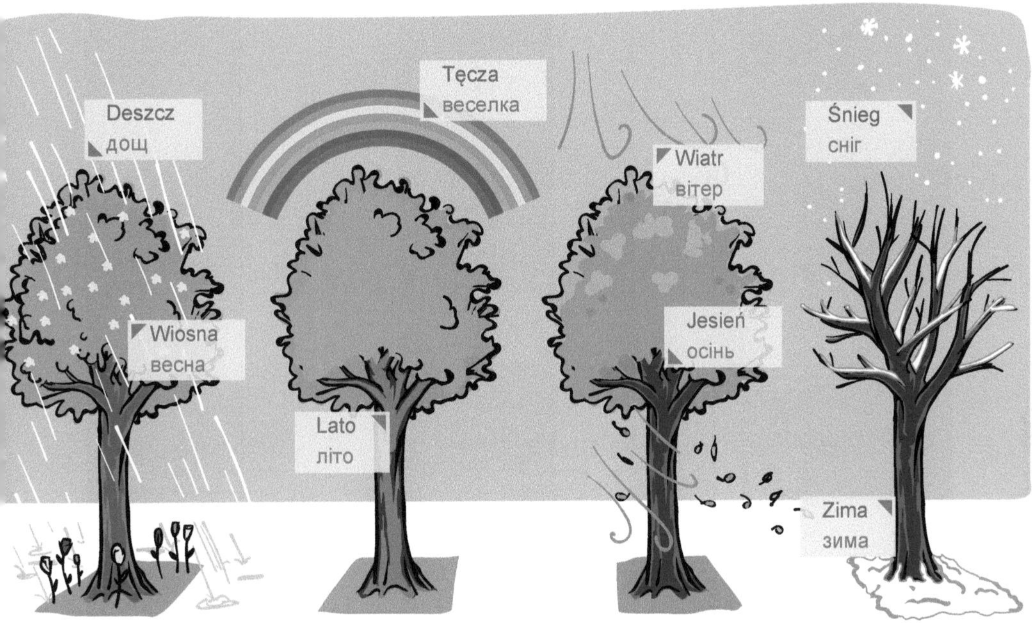

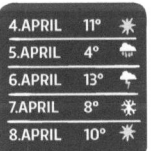

Prognoza pogody

прогноз погоди

F C
120 40
90 30
60 20
30 10
0 0
-30 -10
-20

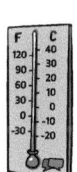

Termometr

термометр

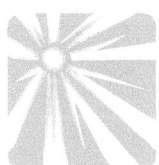

Światło słoneczne

сонячне світло

Chmura

хмара

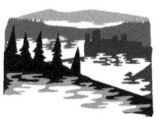

Mgła

туман

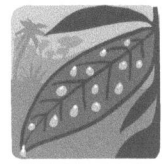

Wilgotność powietrza

вологість повітря

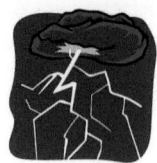

Błyskawica

блискавка

Grzmot

грім

Sztorm

шторм

Grad

град

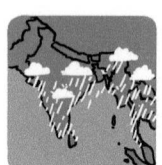

Monsun

мусон

Potop

повінь

Lód

лід

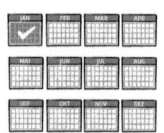

Styczeń

Січень

Luty

Лютий

Marzec

Березень

Kwiecień

Квітень

Maj

Травень

Czerwiec

Червень

Lipiec

Липень

Sierpień

Серпень

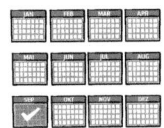

Wrzesień
....
Вересень

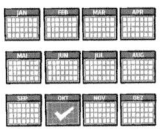

Październik
....
Жовтень

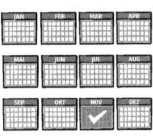

Listopad
....
Листопад

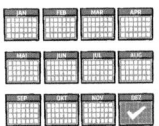

Grudzień
....
Грудень

Koło
....
круг

Kwadrat
....
квадрат

Prostokąt
....
прямокутник

Trójkąt
....
трикутник

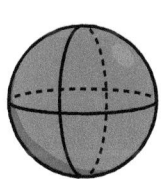

Kula
....
куля

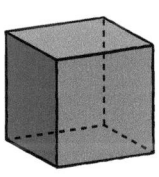

Sześcian
....
куб

biały

білий

żółty

жовтий

pomarańczowy

помаранчевий

różowy

рожевий

czerwony

червоний

liliowy

фіолетовий

niebieski

синій

zielony

зелений

brązowy

коричневий

szary

сірий

czarny

чорний

dużo / mało

багато / мало

wściekły / spokojny

лютий / мирний

piękny / brzydki

гарний / бридкий

początek / koniec

початок / кінець

duży / mały

великий / малий

jasny / ciemny

світлий / темний

brat / siostra

брат / сестра

czysty / brudny

чистий / брудний

kompletny / niekompletny

завершений /
незавершений

dzień / noc

день / ніч

umarły / żywy

мертвий / живий

szeroki / wąski

широкий / вузький

jadalny / niejadalny

їстівний / неїстівний

zły / uprzejmy

злий / дружній

podniecony / znudzony

збуджений / нудьгуючий

gruby / chudy

товстий / тонкий

najpierw / na końcu

спочатку / востаннє

przyjaciel / wróg

друг / ворог

pełen / pusty

повний / порожній

twardy / miękki

жорсткий / м'який

ciężki / lekki

важкий / легкий

głód / pragnienie

голод / спрага

chory / zdrowy

хворий / здоровий

nielegalny / legalny

незаконний / законний

inteligentny / głupi

розумний / дурний

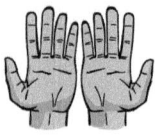

lewo / prawo

вліво / вправо

bliski / daleki

поруч / далеко

nowy / używany

новий / використаний

nic / coś

нічого / щось

stary / młody

старий / молодий

włącz / wyłącz

вкл / викл

otwarty / zamknięty

відкрито / закрито

cichy / głośny

тихо / гучно

bogaty / biedny

багатий / бідний

prawidłowy / błędny

правильно / неправильно

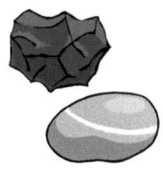

chropowaty / gładki

шорсткий / гладкий

smutny / szczęśliwy

сумний / щасливий

krótki / długi

короткий / довгий

powolny / szybki

повільно / швидко

mokry/suchy

вологий / сухий

ciepły / chłodny

гарячий / холодний

wojna / pokój

війна / мир

0

zero

нуль

1

jeden

один

2

dwa

два

3

trzy

три

4

cztery

чотири

5

pięć

п'ять

6

sześć

шість

7

siedem

сім

8

osiem

вісім

9

dziewięć

дев'ять

10

dziesięć

десять

11

jedenaście

одинадцять

12

dwanaście

дванадцять

13

trzynaście

тринадцять

14

czternaście

чотирнадцять

15

piętnaście

п'ятнадцять

16

szesnaście

шістнадцять

17

siedemnaście

сімнадцять

18

osiemnaście

вісімнадцять

19

dziewiętnaście

дев'ятнадцять

20

dwadzieścia

двадцять

100

sto

сто

1.000

tysiąc

тисяча

1.000.000

milion

мільйон

Angielski

англійська

Angielski amerykański

американська англійська

Chiński mandaryński

китайська
високочиновницька

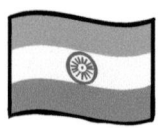

Hindi

хінді

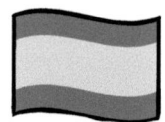

Hiszpański

іспанська

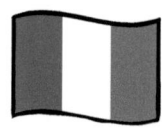

Francuski

французька

Arabski

арабська

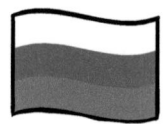

Rosyjski

російська

Portugalski

португальська

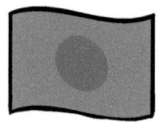

Bengalski

бенгальська

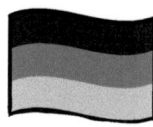

Niemiecki

німецька

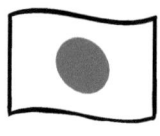

Japoński

японська

ja

я

ty

ти

on / ona / ono

він / вона / воно

my

ми

wy

ви

oni

вони

kto?

хто?

co?

що?

jak?

як?

gdzie?

де?

kiedy?

коли?

Nazwisko

ім'я

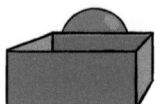

za

ззаду

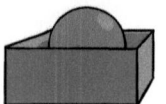

w

в

przed

перед

powyżej

над

na

на

pod

під

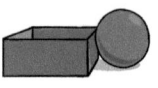

obok

біля

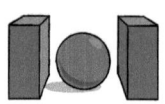

między

між

Miejsce

місце